architecturale – combinaison qui reflète l'harmonieuse diversité de Cambridge

C'est une ville de contrastes et de vues changeantes, de ruelles débouchant soudainement sur des cours élégantes, et de rues animées longeant les collèges vénérables – une ville où les vaches paissent à quelques centaines de mètres du marché

Malgré sa réputation et sa magnificence architecturale, le centre, assez petit, a tout le charme d'une bourgade. Il est vivement recommandé d'errer par les rues et les collèges, de jeter un coup d'oeil indiscret aux loges de style Tudor, d'admirer les forêts de clochetons et de se souvenir que Newton, Darwin et Milton y trouvèrent jadis leur inspiration; et que l'étude et la recherche – comme la vie quotidienne – continuent aujourd'hui.

CI-DESSUS Vus du clocher de l'église de Great St Mary's, les clochetons de la chapelle de King's dominent les jardins spacieux du collège. Leur tranquillité est préservée de l'animation de King's Parade par une loge et une grille. C'est l'un des exemples les plus flamboyants de l'architecture de Cambridge.

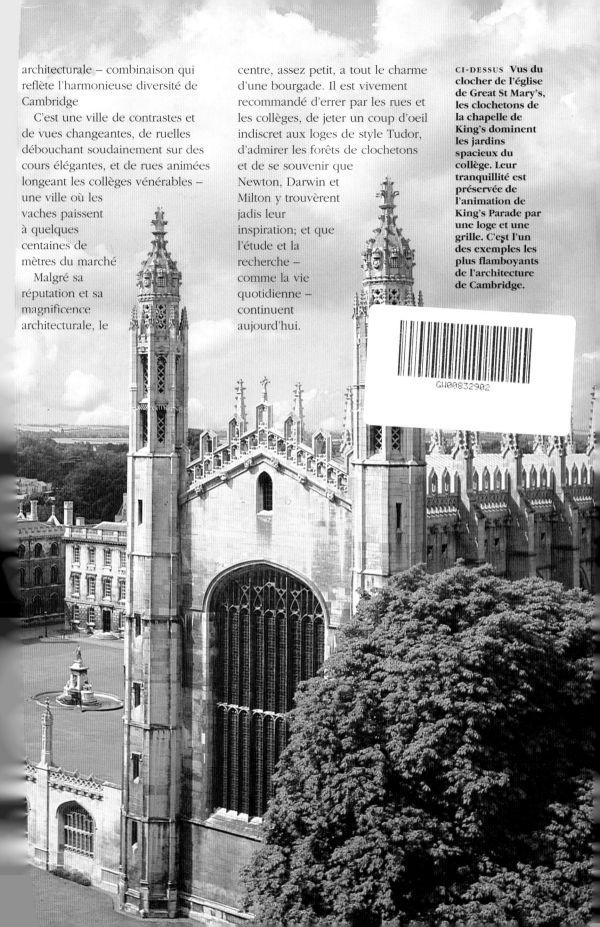

GU00832902

Histoire

Cambridge était une ville florissante bien avant l'arrivée des premiers étudiants et professeurs, il y a de cela 800 ans.

Elle grandit près de la rivière où les Romains avaient bâti un fort pour défendre la bifurcation, vers le nord et l'est, de la route de Colchester oú ètait leur garnison. Ils avaient choisi une position assez surélevée, à Castle Hill, au nord de la rivière, et leau installation ne tarda pas à se transformer en petite ville.

Après le départ des Romains, les colons saxons construisirent un nouveau centre au sud de la rivière, au-dessus des marais correspondant au quartier de Market Hill. Depuis au moins 875, on a la preuve qu'il existait un pont sur la Granta - ancien nom de la Cam - car les chroniques anglo-saxonnes font allusion à 'Grantebrycge'.

La ville grandit en tant que centre commercial, assez important dès le dixième siècle pour avoir un Hôtel de la Monnaie, et assez riche au début du onziéme siécle pour que l'église de Saint Bene't ait un clocher en pierre. Peu après la conquête normande, Guillaume le Conquérant bâtit un château-fort sur Castle Hill, comme base pour ses attaques contre la place forte de Hereward the Wake à Ely. Le Domesday Book de 1086 montre qu'à l'époque, la ville avait environ 400 maisons.

Au douzième siècle, l'importance de Cambridge continua de grandir, en particulier grâce au commerce fluvial. Les églises devinrent de plus en plus nombreuses, et plusieurs établissements religieux reçurent le droit d'accueillir des foires, pôles d'attraction des marchands. C'est

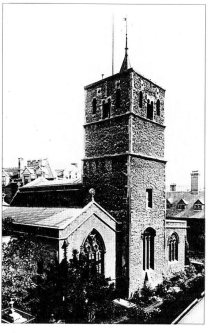

A GAUCHE **Le clocher de St Bene't's bâti sans doute vers 1025, est le bâtiment le plus ancien de Cambridge. Les fenêtres arrondies, et autres détails saxons, sont visibles sur ce cliché de la fin du dix-neuvième.**

A GAUCHE **Ce tertre était jadis la motte du château en bois de Guillaume le Conquérant, et le site du château d'Edward ler à la fin du treizième siècle. Les pierres servirent à construire les collèges aux quinzième et seizième siècles et les vestiges de la loge furent dèmolis en 1842.**

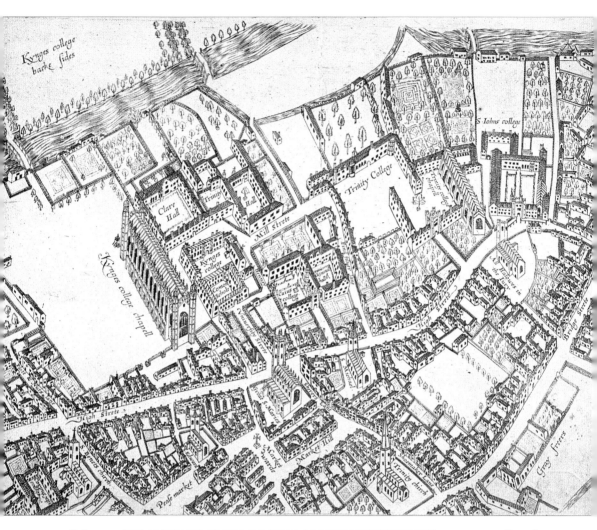

A DROITE Cette maison en pierre, datant d'environ 1200, est le plus vieux bâtiment séculier de Cambridge, dont elle illustre la prospérité passée. Elle aurait logé le premier maire de la ville, avant d'être supplantée par le collège de Merton à Oxford, en 1271. Elle fait maintenant partie de St John's; on l'appelle, pour une raison mystérieuse, l'Ecole de Pythagore.

CI-DESSUS Quand John Hamond dessina ce plan en 1592, les collèges ocupaient déja presque tout l'espace entre la rivière et l'ancienne High Street. Aupara-vant, une autre route, Milne ou Mill Street, passait là, reliée aux embarcadères par d'étroites ruelles. Trinity Lane et Queens' Lane, de part et d'autre du site de King's, suivent aujourd'hui le même itinéraire.

CI-DESSOUS **La gravure que fit David Loggan de St John's en 1690 montre le dève-loppement en cours de nom-breux collèges. Une comparaison avec le plan précédent montre le changement opéré en 100 ans.**

ainsi que naquit la célèbre foire de Stourbridge.

C'est dans cette bourgade florissante qu'un groupe d'étudiants fuyant les émeutes d'Oxford se réfugièrent en 1209. Dix-sept années plus tard, la communauté académique s'était dotée d'un recteur, et le Pape la reconnut en 1318 comme 'studium generale'. Les établissements religieux, eux,

pendant ce temps, continuaient de croître.

Le premier collège de l'université fut celui de Peterhouse, fondé par l'évêque d'Ely en 1284. Les premiers collèges étaient des fondations pour étudiants diplômés; les non diplômés, jusqu'au seizième siècle, occupaient des logements privés. et plus tard des auberges. En soixante-dix ans, sept

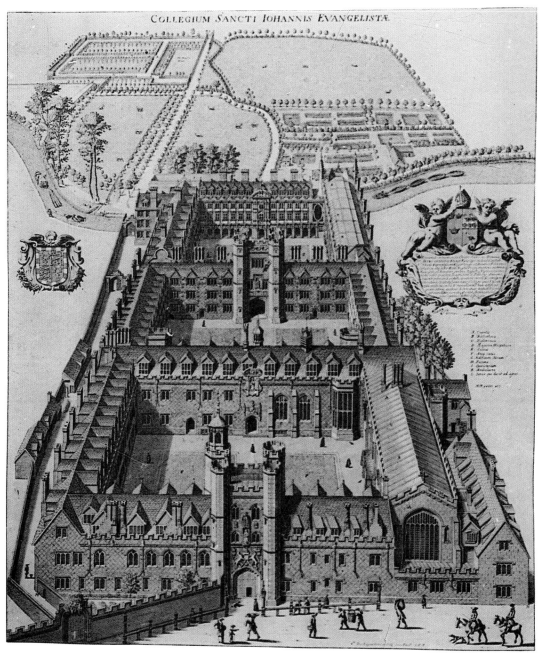

COLLEGIUM SANCTI IOHANNIS EVANGELISTÆ

autres fondations suivirent. C'est alors que l'université commença à ouvrir ses propres salles de cours - les 'Old Schools' - au lieu de les louer comme elle l'avait fait jusque-là.

L'université acquit pouvoir et privilège à Cambridge. La Couronne lui octroya certains droits, comme celui d'empêcher les marchands d'exploiter les étudiants, et les relations entre la ville et l'université furent envenimées par de nombreuses querelles. Le pouvoir de l'université devait rester une source de conflit jusqu'au dix-neuvième siècle.

Aux quatorzième et quinzième siècles, la ville médiévale se transforma, les collèges occupant de plus en plus de terres, surtout le long de la rivière. Au siècle suivant, de nouveaux collèges prirent la place des anciens, et certains d'entre eux remplacèrent les couvents.

Au dix-neuvième siècle, la ville recommença à s'agrandir sous l'influence du chemin de fer, arrivé en 1845. L'université se remit à construire pour accueillir le nombre croissant

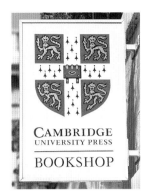

CAMBRIDGE
UNIVERSITY PRESS

BOOKSHOP

d'étudiants. La construction de nouveaux collèges, en particulier à l'ouest de la ville, se poursuivit au vingtième siècle.

Cambridge obtint le statut de cité en 1951. Sa population actuelle dépasse 111.000 habitants. Les industries de pointe lui valent à nouveau une réputation internationale. Le développement de centaines de petites entreprises a donné naissance à ce qu'on appelle 'phénomène de Cambridge', basé sur la valeur scientifique de l'université, et symbolisé par le parc scientifique situé non loin de la ville.

A GAUCHE **Cambridge University Press a été fondée en 1534, année où Henri VIII octroya à l'université la permission d'établir une presse d'imprimerie. Maison d'édition de l'université, elle publie aujourd'hui des ouvrages universitaires et des manuels dans le monde entier. Sa librairie, au 1 Trinity Street, se trouve sur le site de la plus ancienne librairie de Grande-Bretagne, datant de 1581.**

A GAUCHE **Le parc scientifique, établi par le collège de Trinity en bordure de la ville, est un des plus grands d'Europe, attirant des compagnies locales et multinationales. Les liens étroits avec l'université stimulent les échanges d'idées et d'expertise scientifique. Le bâtiment des laboratoires de Napp est un des plus frappants sur ce site de 60 hectares.**

L'université

'Où est l'université?' Question souvent posée, mais sans réponse précise. Car il n'y a pas de campus, les salles de conférences, bibliothèques, laboratoires, musées et bureaux de l'université étant dispersés dans toute la ville. La plupart de ses membres sont les étudiants et professeurs des trente-et-un collèges autonomes.

Chaque collège choisit ses étudiants, conformément aux normes de recrutement minimum de l'université. Les non diplômés vivent et étudient généralement dans leur collège. Les cours

A DROITE **La Maison du Sénat, aux proportions parfaites, oeuvre de James Gibbs finie en 1730, devait à l'origine faire partie d'une cour à trois côtés, mais le bâtiment devant lui faire pendant ne fut jamais construit: on craignait qu'il ne gâche la vue sur la chapelle de King's. La maison du Sénat est le principal lieu de réunion de l'université. C'est là que sont conférés les diplômas.**

A DROITE **Entrée des Old Schools, menant à un bâtiment utilisé pour les cours au quatorzième siècle. Les étudiants n'avaient souvent que quatorze ou quinze ans, et étudiaient la grammaire, la rhétorique et la logique, puis l'arithmétique, la géométrie, l'astronomie et la musique, pendant sep ans. Les examens étaient oraux et les cours donnés en latin - la langue de l'Eglise et des gens étrudits.**

sont donnés à de petits groupes – on appelle cela la 'supervision'. Les conférences, travaux pratiques et travaux en laboratoire sont organisés par l'université dans ses propres locaux.

L'université accueille en tout 12 000 non diplômés (environ 49 pour cent de femmes, et 15 pour cent d'étrangers), plus 6000 diplômés et environ 2500 professeurs. Ceux-ci sont à la fois enseignants et administrateurs, souvent membres de collèges occupant aussi des postes universitaires. Parallèlement à l'enseignement, la recherche revêt une importance primordiale – depuis le début du vingtième siècle, plus de soixante membres de l'université ont reçu le prix Nobel.

L'université possède de très nombreux locaux consacrés à l'enseignement et à la recherche; plus de soixante bibliothèques spécialisées, en plus de la bibliothèque universitaire, qui a le droit de recevoir un exemplaire de toute publication britannique; et plus de trente laboratoires scientifiques, dix musées - dont le superbe musée Fitzwilliam - et le jardin botanique.

Les bâtiments les plus récents sont à l'ouest de la rivière, et les plus anciens au coeur de la ville. Les Old Schools, en face de l'église de Great St Mary, comprennent les salles de cours du quatorzième siècle. Ce complexe abrite maintenant l'administration centrale de l'université. C'est dans la maison du Sénat, à côté, datant du dix-huitième siècle, qu'est décidée la politique de l'université, et que sont dècernés les diplômes.

L'université prépare les examens et décerne les diplômes. Les femmes ont le droit de passer les examens depuis 1881, mais ce n'est qu'en 1948 qu'elles purent recevoir des diplômes, malgré de nombreux efforts pour changer les règles. Jusqu'en 1950, l'université avait ses propres députés, élus par les étudiants diplômés.

CI-DESSOUS Mariant la brique et la pierre, le Centre for Mathematical Sciences, achevé en 2000, consiste en sept pavillons groupés autour d'une construction à demi enterrée, à toiture gazonnée, qui abrite le foyer. Il a été désigné meilleur projet britannique de l'année 2003.

CI-DESSUS La bibliothèque universitaire, ouverte en 1934, contient cinq millions de livres et documents, allant des manuscrits rares aux bandes dessinées. L'architecte, Sir Giles Gilbert Scott, inventa aussi la cabine téléphonique rouge - aux longues vitres terminées par des rangées de petits carreaux. La grande tour de la bibliothèque, haute de presque cinquante mètres, lui ressemble asssez.

A GAUCHE En 1897, toute personne titulaire d'une maîtrise de Cambridge fut invitée à voter pour ou contre le droit des femmes à recevoir des diplômes. Les hommes vinrent en foule pour voter à la Maison du Sénat. Les rues étaient pleines de curieux attendant le résultat. La motion fut massivement rejetée. Le règlement ne changea que cinquante ans plus tard.

Les collèges

Construits, agrandis et modifiés pendant sept siècles, les collèges se distinguent par une immense variété de styles architecturaux. Cours médiévales, loges Tudor, sévérité du dix-huitième siècle, fantaisie gothique et ultra-modernisme se succèdent au cours d'une seule et même promenade.

La Cam passe derrière plusieurs collèges, ce qui explique qu'on ait donné le nom de Backs à l'ensemble des pelouses, bosquets et prairies situés derrière les bâtiments. Depuis les Backs, qui s'embellissent au printemps de crocus, de jonquilles et de saules vert vif dont les couleurs deviennent spectaculaires en automne, la vue est impressionnante. La façon traditionnelle de visiter les Backs est de canoter sur la rivière. Celle-ci passe sous sept ponts et derrière six collèges entre les ponts de Magdalene Street et de Silver Street.

CI-DESSUS **Les portiers des collèges portent encore parfois le chapeau melon noir, insigne traditionnel de leur profession.**

A DROITE **Clare Bridge, construit en 1638, est le plus vieux pont dépendant d'un collège, et un des plus idylliques pour les promenades en punt. Un morceau manque à l'un des boulets en pierre du parapet. L'artiste se serait ainsi plaint d'avoir été mal payé.**

CI-DESSUS **La première cour de Peterhouse est dominée par la chapelle, dont le pignon à volutes lui donne sa silhouette distinctive. Avant sa construction en 1630, le collège utilisait l'église de Little St Mary's.**

A DROITE **La Chapelle de Pembroke, bâtie en 1663-6, fut la première oeuvre achevée de Sir Christopher Wren, engagé par son oncle, évêque d'Ely et ancien camarade de collège, qui la fit construire en remerciement de sa libération après dix-huit d'emprisonnement. L'ancienne chapelle - la première chapelle du collège à Cambridge - est devenue la Vieille Bibliothèque.**

William Pitt fils avait à peine quatorze ans au début de ses études à Pembroke en 1773. Il devint député à vingt-et-un ans, et le plus jeune Premier Ministre du pays à vingt-quatre ans. Le Bâtiment Pitt fut construit avec le surplus des fonds destinés à l'érection d'une statue à sa mémoire à Londres en 1831.

CI-DESSUS **La porte d'Honneur est une des trois portes de Gonville et Caius construites par John Caius comme symboles de la carrière estudiantine: on entre par la Porte de l'Humilité (maintenant dans le jardin du Master) avant de passer la Porte de la Vertu, et l'on sort par la Porte d'Honneur. Les étudiants franchissent encore celle-ci en se rendant à la Maison du Sénat pour la remise des diplômes.**

La plupart des trente-et-un collèges accueillent des étudiants non diplômés; certains sont réservés aux diplômés; les effectifs varient entre 100 et 1000, le chiffre moyen étant 400. Trois collèges sont réservés aux femmes, les autres étant mixtes. C'est en 1972 qu'un collège d'hommes admit les femmes pour la première fois. Le directeur est généralement appelé 'Master'; les plus anciens membres - enseignants, chercheurs, administrateurs - ont le titre de 'Fellows'.

Le premier collège, **Peterhouse**, fut fondé en 1284 par Hugh de Balsham, évêque d'Ely, dans deux maisons. Le collège lui-même fut bâti deux ans plus tard. C'est le seul bâtiment du treizième siècle à avoir survécu jusqu'à aujourd'hui. Il fut restauré vers 1870 et agrémenté de décorations de William Morris.

Clare fut le deuxième collège, complètement reconstruit entre 1638 et 1715 après l'incendie qui détruisit les bâtiments médiévaux. La façade arrière est impressionnante, ainsi que le jardin situé de l'autre côté de la rivière. Fondé en 1326 par l'université, Clare fut fondé à nouveau douze ans plus tard par Lady Elizabeth de Clare, petite-fille d'Edouard Ier.

C'est une amie de Lady Elizabeth qui fonda **Pembroke** en 1347: Lady Marie de Valence, veuve du Comte de Pembroke. La loge, qui a fait l'objet de restaurations importantes, est la seule loge du quatorzième siècle encore en existence.

Gonville et Caius, connu sous le nom de Caius - se prononce 'keys' - fut fondé en 1348 par le prêtre Edmund Gonville, puis à nouveau en 1557 par John Caius, ancien étudiant et médecin de trois monarques successifs, qui devint Master deux ans plus tard. Gonville Court, derrière ses façades du dix-huitième siècle, dissimule les plus vieux bâtiments du collège.

Trinity Hall fut fondé en 1350 par William Bateman, évêque de Norwich, pour remplacer les avocats décimés par la peste; spécialisé dans le droit jusqu'au siècle dernier, le collège a gardé sa réputation de collège pour avocats. Dans la cour principale, les constructions du quatorzième siècle sont cachées par des ornementations des dix-huitième et dix-neuvième siècles.

La plus belle cour de collège médiévale de Cambridge est celle de **Corpus Christi**; construite en 1352, année de la fondation du collège, elle fut agrémentée d'une nouvelle cour vers 1820. Ce collège est le seul d'Oxford ou de Cambridge à avoir été fondé par la ville - par les confréries de Corpus Christi et de la Sainte Vierge Marie.

Près de 90 ans s'écoulèrent avant la fondation de **King's College** en 1441, date où le jeune Henry VI décida de créer un immense collège pour les élèves de l'école qu'il venait de fonder à Eton. On démolit une partie importante de la ville médiévale pour permettre la réalisation du projet ambitieux du roi.

La construction de la chapelle, qui commença en 1446, dura près de

A GAUCHE La charmante bibliothèque élizabéthaine de Trinity Hall, avec ses pignons caractéristiques, contient d'anciens pupitres inclinés munis de chaînes, destinées à décourager les voleurs.

CI-DESSOUS La Vieille Cour de Corpus Christi, la première cour complète construite à Cambridge - au milieu du quatorzième siècle - a gardé son cachet médiéval.

A GAUCHE Les clochetons élancés de la chapelle de King's se reflètent dans le style de la loge et du mur grillagé, construits 300 ans après l'achèvement de la chapelle. Celle-ci est le bâtiment le plus beau de Cambridge, et domine la ville par ses dimensions et sa magnificence.

CI-DESSUS Les choristes de la chapelle de King's, élèves de l'école de King's College, en haut-de-forme, veste d'Eton et pantalon à rayures, vont à une répétition dans la chapelle. Le choeur comprend seize garçons et quatorze étudiants du collège.

cent ans et se déroula sous le règne de cinq monarques, dont le dernier fut Henri VIII. Il lui fit don du beau jubé en chêne sculpté et des magnifiques vitraux. Le reste du site resta vide pendant presque 300 ans, avant l'arrivée du Bâtiment des Fellows de James Gibbs, construit dans le style classique de 1724. Un siècle plus tard, on ajouta, au sud, la loge et la grille de King's Parade dont le style est en harmonie avec celui de la chapelle.

Deux reines fondèrent **Queens'**, un des collèges les plus pittoresques. Marguerite d'Anjou, femme d'Henri VI, le fonda à nouveau en 1448, deux ans après sa fondation initiale par Andrew Dokett, recteur de St Botolph, qui en devint le président. Queens' fut fondé une troisième fois en 1475 par Elizabeth Woodville, femme d'Edouard IV.

CI-DESSUS La beauté saisissante de la voûte en éventail de la chapelle de King's témoigne du talent extraodinaire des maçons tudor. Elle fut construite entre 1512 et 1515.

Quand la chapelle fut commencée soixante-dix ans plus tôt, nul n'aurait osé construire une voûte en éventail aussi immense. La splendeur des boiseries et des

fenêtres - les vitraux sont de fabrication flamande et anglaise - forment, avec les sculptures, un ensemble architec-tural superbement homogène.

A GAUCHE Le cadran solaire de Queens', qui date de 1733, est aussi un cadran lunaire. La table de chiffres sous le cadran sert à caculer l'heure.

CI DESSUS **L'embléme au sommet du portail de St Catharine's est celui de Sainte Catharine d'Alexandrie, patronne des gens érudits: la roue sur laquelle elle devait être suppliciée mais qui se brisa par miracle.**

CI DESSUS **La Longue Galerie à colombages de la Loge du Président** se trouve dans la cour du cloître de Queens'. Les colombages, qui datent de 1597, étaient couverts de plâtre jusqu' en 1911.

CI DESSUS **Le pont aux formes complexes enjambant la Cam derrière Queens' porte le surnom de Pont Mathématique. Il n'est pas, comme le veut la légende, construit sans vis ni boulons. Il fut refait en 1904 d'après le plan original du milieu du dix-huitième siècle.**

St Catharine's, fondé par Robert Woodlark, principal de King's, en 1473, en face de Queens', fut reconstruit aux dix-septième et dix-huitième siècles en forme de cour à trois côtés, en face de Trumpington Street. Rien ne reste aujourd 'hui des bâtiments originaux du collège.

Jesus, lui, fondé en 1496, a gardé ses bâtiments originaux. Ceux-ci précèdent même sa fondation de plusieurs siècles. Il délogea un couvent du douzième siècle qui n'abritait que

CI DESSUS **William Morris composa les peintures de plafond de la nef dans la chapelle de Jesus, qui marie superbement le gothique médiéval, le dix-neuvième siècle, et les décorations et vitraux préraphaélites.**

A DROITE Le passage aux hautes parois à l'entrée de Jesus est surnommé 'la Cheminée'. Le fondateur du collège, John Alcock, construisit la loge vers 1500, et ajouta le coq noir perché sur un globe au-dessus de la niche centrale en symbole de son nom.

Le goût de Charles Darwin pour l'histoire naturelle fut encouragé à Christ's, où il entra en 1828. Au bout de trois ans, il devint naturaliste sur le *Beagle,* partant étudier pour l'Amérique du sud et le Pacifique. Ses observations au cours de ce voyage de cinq ans aboutirent à sa théorie de l'évolution, publiée dans son *Origine des Espèces.*

John Milton, célèbre pour le poème épique *Paradise Perdu,* écrivit ses premiers poèmes - comme l'ode 'Au Matin de la nativité' et la poème 'Sur Shakespeare', pendant ses sept années au collège de Christ's où il étudia à partir de 1625.

CI DESSUS Les deux animaux bizarres au-dessus de la Grande Porte de St John's sont des yales, bêtes mythiques avec une queue

d'éléphant, un corps d'antilope et une tête de chèvre aux cornes recourbées. Elles tiennent entre elles le blason de Lady Margaret

Beaufort, fondatrice du collège. Parmi les fleurs on reconnaît des marguerites, qui ont été choisies pour symboliser son nom.

deux religiueuses lorsque John Alcock, évêque d'Ely, le ferma pour faire place au collège. La chaplle, qui était l'ancienne église des religieuses, est le plus vieux bâtiment universitaire de Cambridge.

Christ's College s'installa dans ses locaux actuels dans les années 1440, les précédents ayant été démolis en raison des projets d'Henri VI pour la construction de King's College. Fondé en 1437 par le Révérend Père William Byngham, il fut fondé à nouveau en 1505 par Lady Margaret Beaufort, mère d'Henry VII. La première cour du collège, construite à cette époque, fut refaite au dix-huitième siècle.

La magnifique loge se **St John's** ressemble à celle de Christ's, ce collège ayant été fondé lui aussi par Lady

La promenade part d'un site célèbre, la loge du **collège de King's** (p.10) (*à droite*), à l'ombre de sa spectaculaire chapelle gothique.

Face à King's Parade tournez à droite puis immédiatement à gauche dans Bene't Street vers l'eglise de **St Bene'ts** (p. 2). A droite de l'eglise, un passage mène au collège de Corpus Christi. Si la grille du passage est fermée, revenez jusqu'à King's Parade, tournez à gauche et longez le **collège de St Catherine's** (p. 12)

(*à gauche*), puis tournez à droite dans Silver Street. Autrement, suivez le passage jusqu'à la Vieille Cour de **Corpus Christi** (p. 10) et passez le portail principal donnant dans Trumpington Street. Là, tournez à gauche puis à droite dans Silver Street. Tournez encore à droite dans Queen's Lane pour arriver au portail du **collège de Queens'** (p. 11).

Longez Silver Street et traversez le pont d'où vous verraz à droite le **Pont Mathématique** (p. 12) (*ci-dessous*) de Queens', et à gauche Mill Pool et ses nombreux canots. Suivez la haie de conifères tournant vers la droite et prenez le sentier marqué par des bornes. Suivez-le au-delà de

la grille de fer forgé de King's . Du sentier, vous apprécierez la vue magnifique sur la chapelle et le bâtiment Gibbs de King's, et sur le collège de Clare (*ci-dessous*). Dépassez le portail de Clare et continuez jusqu'à Garret Hostel Lane, en tournant à droite le long de l'étroite digue entre des rembardes, d'où vous verrez la Bibliothèque de Wren à gauche et les cheminées de Trinity Hall en face.

Traversez le pont, d'où on peut voir le **Pont de Clare** (p. 8) à

droite, et vous arrivez bientôt à un portail à gauche qui mène dans le collège de Trinity. Si le portail est ouvert, entrez et passez le droite pour suivre le sentier le long de la rivière, avec sur

Promer
Cam

L'itinéraire passe par les c la chapelle du collège de Great St Mary's et le n davantage si or

Les collèges sont des lieux privés d'ouverture sont limitées. D

de dans
idge

ges les plus anciens et par
g's, les Backs, l'église de
hé. Compter 1h30, ou
ite les collèges.

nt parfois fermés ou leors heures
ertains, l'entrée est payante.

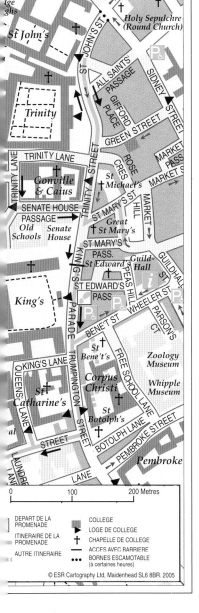

Map legend:
- DEPART DE LA PROMENADE
- ITINERAIRE DE LA PROMENADE
- AUTRE ITINERAIRE
- COLLEGE
- LOGE DE COLLEGE
- CHAPELLE DE COLLEGE
- ACCES AVEC BARRIERE
- BORNES ESCAMOTABLE (à certaines heures)

© ESR Cartography Ltd, Maidenhead SL6 8BR. 2005

votre droite la façade arrière de la **Bibliothèque de Wren**. En face se trouve la Nouvelle Cour gothique du collège de St John's (*à gauche*), couronnèe par ce qu'on surnomme le 'gâteau de mariage'.

Revenez sur vos pas jusqu'à Garret Hostel Lane, tournez à gauche et marchez jusqu'au bout. Puis tournez à droite dans Trinity Lane, en obliquant vers la droite puis vers la gauche: la **chapelle de King's** (p. 11) surgit alors en face de vous. Longez les **Old Schools**

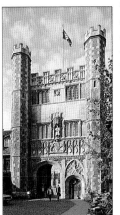

(p. 6) sur la gauche et **Clare** (p. 9) sur la droite. Au bout se trouve l'entrée de King's et sa chapelle.

Retournez sur vos pas jusqu'à Senate House Passage sur la droite, et suivez-le au-delà de la **Porte d'Honneur** aux cadrans solaires (p. 9)

(*à droite*) du collège de Caius. Tournez ensuite à gauche dans Trinity Street, le long de **Caius** (p. 9) sur la gauche et continuez jusqu'à la Grande Porte de **Trinity** (p. 17) (*ci-dessus*).

Plus loin dans Trinity Street se trouve la loge de **St John's** (p 13) Revenez sur vos pas dans Trinity Street et juste après Senate House Passage, tournez à gauche dans St Mary's Street, qui mène au **marché** (p. 22). Faites le tour de l'église de **Great St Mary's** (p. 23) (*à droite*) et si vous avez le courage de gravir les 123 marches de son clocher, vous jouirez d'un superbe panorama sur les collèges. De retour

dans King's Parade, vous apercevez à droite l'élégante **Maison du Sénat** (p. 6) (*à gauche*) et en retour, la façade des Olds Schools. A gauche, vous vous trouvez à nouveau devant la chapelle et la loge du collège de King's.

A GAUCHE **Le pittoresque Pont des Soupirs, construit en 1831 entre la Nouvelle Cour de St John's et l'ancienne partie du collège, porte le nom du célèbre pont vénitien, bien qu'ils n'aient de commun que le fait d'être couverts. Celui de Venise devait son nom au fait qu'on y faisait passer les prisonniers; celui de Cambridge est muni di barreaux, mais ils servaient à empêcher les étudiants de rentrer après avoir passé la nuit dehors!**

Margaret. Etabli en 1511, il occupa le site d'un hospice du triezième siecle dirigé par les moines de St John. La première cour, construite en même temps que le collège, fut modifiée au dix-huitième siècle, et la chapelle fut ajoutée à l'ensemble au dix-neuvième. La deuxième cour est de la fin du siezième siècle, la troisième date du dix-septième, et la nouvelle cour, sur l'autre rive, est typique du style gothique du dix-neuvième siècle.

Magdalene (prononcer 'Maudlin') fut fondé en 1542, mais certains des bâtiments font partie d'un hospice bénédictin datant de 1428, qui abrita le premier collège. Le fondateur était Lord Audley de Walden, Chancelier

d'Henry VIII, qui acheta l'hospice après la dissolution des monastères. Certaines parties des bâtiments de la première cour appartenenaient à l'hospice.

Henry VIII fit fusionner deux collèges pour fonder **Trinity** en 1546, le dotant d'importantes sommes tirées des monastères qu'il avait dissous. Mais le collège doit surtout sa magnificence à Thomas Nevile, Master à partir de 1593, qui créa la grande cour. Plus tard, la Cour cloîtrée de Nevile fur complétée par la constuction de la superbe bibliothèque de Sir Christopher Wren. Trente et un lauréates du prix Nobl sont sortis de Trinity, le plus grand des collèges de Cambridge.

Pendant ses études à Magdalene de 1651 à 1654, Samuel Pepys reçut deux bourses, un blâme pour ivrognerie, et écrivit un roman inachevé qu'il déchira plus tard *Love a Cheate*. Sa famille était de la région, et son célèbre journal de 1660-69, aujourd'hui dans son ancien collège, contient des réflexions sur ses visites en ville.

A DROITE L'élégant Bâtiment de Pepys, construit au dix-septième siècle au collège de Magdalene, abrite depuis 1724 les bibliothèques et les livres de Samuel Pepys, dont le célèbre journal, relié en six volumes et écrit en sténographie, dont le déchiffrage prit trois ans. Pepys légua sa bibliothèque au collège.

C'est au collège de Trinity qu'Issac Newton fit les calculs qui devaient transformer notre perception de l'univers. Il devint étudiant en 1661, puis Fellow, et enseigna aussi les mathématiques à l'université pendant trente-trois ans. Mais il était chez lui, dans sa maison du Lincolnshire - le collège ayant fermé à cause de la Grande Peste, quand la chute d'une pomme lui aurait inspiré sa formulation de la loi de la gravité. Un des arbres près de la porte du collège serait, paraît-il un descendant du célèbre pommier.

CI DESSUS La splendide Grande Cour de Trinity, avec un hectare de pelouses et d'allées, est la plus vaste cour collège d'Oxford et de Cambridge. Un jeu d'étudiant traditionnel consiste à en faire le tour en courant pendant les douze coups de minuit.

A GAUCHE La cour cloîtrée de Nevile, à Trinity, donnait jadis sur la Cam, mais la bibliothèque de Sir Christopher Wren la ferma en 1695 par son panache architectural. Les quatre statues du toit représentent la Théologie, le Droite, la Physique et les Mathématiques.

Oliver Cromwell n'étudia à Sidney Sussex que pendant un an, en 1616, avant de retourner à Huntingdon à la mort de son pére. En 1640, cependant, il devint député de Cambridge et, quand éclata la guerre civile, fit de la ville le quartier général des comtés de l'est afin d'y recuter des troupes pour la cause parlementaire. Sa tête fut enterrée secrètement dans la chapelle de son ancien collège en 1960.

A DROITE Bien que fondé au seizième siècle, Sidney Sussex doit une grande partie de son apparence aux restaurations et aux transformations faites au dixneuvième siècle, dont l'addition de créneaux. La chapelle, surmontée de son clocheton distinctif, fut transformée et agrandie au début du vingtième siècle.

CI-DESSUS Beaucoup des diplômés d'Emmanuel furent parmi les premiers à émigrer en Nouvelle-Angleterre; ce que fit John Harvard, fondateur de l'Université de Harvard, que commémore un des vitraux de la chapelle.

Emmanuel, fondé en 1584 sur le site d'un ancien prieuré dominicain par Sir Walter Mildway, Chancelier de l'Echiquier, était destiné initialement à accueillir la nouvelle église protestante. La chapelle du collège fut construite par Sir Christopher Wren en 1666.

Sidney Sussex occupe le site d'un ancien couvent franciscain. Fondé en 1596 selon la volonté de Lady Frances Sidney, Comtesse de Sussex, il a deux avant-cours datant des seizième et dix-septième siècles, dont les façades furent recouvertes d'un enduit de ciment au début du dix neuvième siècle.

Sidney Sussex fut le dernier des collèges médiévaux et Tudor. 200 ans les séparent du collège suivant, de style très différent. **Downing**, fondé en 1800 selon la volonté de Sir George Downing, est installé sur un vaste site dans le style d'un campus. Ses bâtiments de style néo-classique datent de différentes époques, et la partie nord du collège, qui comprend la chapelle, fut construite vers 1950.

Devant le classicisme serein de Downing, on imagine mal que l'architecte qui a créé cet ensemble de bâtiments de style grec ait aussi conçu la porte et la grille néogothiques de King's. Les deux sont, pourtant, l'oeuvre de William Wilkins.

Le premier collège de femmes, **Girton**, fut fondé en 1869 à Hitchin, puis, quatre ans plus tard, déplacé jusqu'au village de Girton, à une distance suffisamment éloignée du centre ville et de ses hommes. Girton est maintenant mixte. Le second collège ouvert pour les femmes, qui n'est toujours pas mixte, est **Newnham**, qui ouvrit en 1875.

Selwyn fut fondé en 1882 pour recruter de futurs pasteurs de l'église anglicane, restriction qui n'a plus cours aujourd'hui. Le célèbre collège de formation pédagogique de **Homerton**, fondé dans le Middlesex, fut déplacé jusqu'à Cambridge en 1894, et fut finalement reconnu par l'université en 1977.

New Hall, le troisième collège de femmes, et toujours non mixte, ouvrit en 1954, et occupa son site actuel dix ans plus tard. **Lucy Cavendish**, fondé en 1965, est le seul collège réservé aux femmes d'âge mûr. **Churchill** fut fondé en 1966 afin de fournir les effectifs de savants et d'ingénieurs dont avait besoin le pays. **Fitzwilliam**, jadis destiné aux étudiants non membres d'un collège, devint lui-même un collège en 1966. **Robinson** fut fondé en 1977 par un homme d'affaires, Sir David Robinson, natif de Cambridge, qui le dota de dix-sept millions de livres stirling. Ce fut le premier collège à être fondé simultanément pour les étudiants des deux sexes, diplômés et non diplômés.

Cinq collèges sont presque exclusivement réservés aux étudiants engagés dans la recherche: Hughes Hall, St Edmund's, Darwin, Wolfson et Clare Hall. Il faut y ajouter les quatre collèges d'études théologiques, bien qu'ils ne fassent pas partie de l'université.

Le collège de Robinson fut le dernier fondé à Cambridge - cadeau d'un millionnaire natif de la ville. Le bâtiment de brique rouge, à l'allure de forteresse avec ses murailles, sa tour et sa porte, fut ouvert en 1980.

La vie estudiantine

De nombreux étudiants vivent et étudient dans les vieux bâtiments des collèges, mais le cliché de l'étudiant entouré de serviteurs, rentrant tard le soir et essuyant les foudres d'un surveillant en toge académique, n'a plus cours. Les bals du mois de mai et les canulars estudiantins, par contre, sont toujours bien vivants.

Les chambres 'pour étudiants' sont toujours nettoyées, et leurs lits souvent faits, par des 'bedders', mais le 'gyp' ou domestique n'existe plus. L'obligation de rentrer avant la fermeture des portes a aussi disparu. Plus n'est besoin d'escalader les murs.

Les étudiants ne portent plus leur toge en ville. On la portait autrefois aux cours, aux conférences, à la chapelle, aux repas, et la nuit en dehors du collège. Aujourd'hui, on la porte surtout aux grandes occasions: à l'office religieux, dans les collèges durant les repas de cérémonie et lors de la remise des diplômes.

Les c´élèbres 'May Balls' couronnent la fin des examens et des cours – ceux-ci portant sur des matières aussi variées que la compabilité et la zoologie. Ce sont les collèges qui organisent les bals, traditionnellement conclus par une promenade en 'punt' jusqu'à Grantchester pour le petit déjeuner. Les bals ont lieu pendant 'May Week' – bien qu'ils se déroulent en fait au mois de juin. Autre événement de May Week: les 'bumps', 'course' d'aviron sur l'étroite Cam; en guise de course, il s'agit en fait d'essayer de percuter l'embarcation précédente!

L'aviron est un sport traditionnel à Cambridge, où beaucoup d'étudiants ont leur prore hangar à bateaux près de la rivière, en face de Midsummer

A GAUCHE **Henry VIII, debout au-dessus de la grande porte de Trinity, tient un bâton de chaise que des étudiants substituèrent jadis à son sceptre. Il est arrivé qu'on trouve une camionnette sur le toit de la Maison du Sénat, et même une voiture suspendue sous le Pont des Soupirs.**

CI-DESSUS **Jadis, des membres officiels de l'université, nommés 'proctors', patrouillaient la ville la nuit escortés de 'bulldogs', ou commissaires, à la recherche des étudiants errants; jusqu'en 1970, les non-diplômés devaient porter leur toge la nuit. Les proctors sont toujours chargés de la discipline, mais leur importance a décru.**

II. CONSTERNATION.

A GAUCHE **Les journées de remise de diplômes de la fin juin sont appelées 'General Admission'. Les nouveaux diplômés, portant toge et capuchon, se rendent en procession de leur collège à la Maison du Sénat, où les diplômes sont encore remis en latin.**

A GAUCHE **En plus des cours formels – conférences, travaux pratiques et travaux dirigés – les etudiants doivent faire beaucoup de travail autonome. Chaque collège est équipé d'une bibliothèque bien approvisionnée – ces étudiants travaillent dans la bibliothèque de la faculté de théologie.**

CI-DESSUS **Les 'huit' s'entraînent régulièrement sur la cam. Parfois l'entraîneur les suit à vélo sur la berge - armé d'un haut-parleur.**

Common. Pour la célébrè course sur la Tamise entre Oxford et Cambridge, l'équipe de Cambridge s'entraîne à Ely, où les conditions de navigation sont plus appropriées.

Les étudiants de Cambridge sont aussi de célébrès musiciens et acteurs: les choeurs de King's et de St John's sont connus de par le monde pour leurs concerts radiophoniques et leurs enregistrements, et la troupe comique de Footlights a lancé plus d'une vedette sur les planches.

La ville

Le mariage entre la ville et l'université, les rues commerçantes se frayant un chemin entre les collèges, contribue au caractère de Cambridge. Universitaires et citadins y vivent et y travaillent côte à côte. Les loges, clochetons et ornements architecturaux des collèges font partie intégrante de la rue, côtoyant les boutiques et les étalages du marché.

Grâce au nombre d'étudiants et de professeurs, les librairies de Cambridge sont parmi les meilleures du pays. Il faut y ajouter la haute qualité des cinémas, théâtres, et concerts et un grand choix de restaurants, ainsi que de pubs au charme désuet. La ville accueille aussi un important festival artistique pendant deux semaines en juillet.

Le marché n'a cessé d'être le coeur de la ville depuis le Moyen-Age. Le nom de Market Hill, et d'autres 'Hills' de Cambridge, remonte aux temps où le terrain dans ces endroits-là était légèrement surélevé par rapport aux marécages environnants.

Dominant le marché, l'église de Great St Mary accueille, depuis plusieurs siècles, des réunions et

CI-DESSUS La conduite de Hobson au bout de Trumpington Street, était jadis une fontaine de Market hill, qui, à partir de 1614, approvisionna Cambridge en eau fraîche prélevée sur des sources située au sud de la ville. Elle se dresse maintenant près des carniveaux à ciel ouvert de Trumpington Street, autres survivants de ce système. Thomas Hobson, grand bienfaiteur, a donné naissance à l'expression familière 'le choix de Hobson': il avait une écurie de louage à l'endroit où se trouve aujourd'hui St Catharine's College et comme il louait ses chevaux exclusivement à tour de rôle, cette expression en est venue à signifier une absence de choix.

A GAUCHE Cambridge a un grand choix de librairies; celle-ci se trouve dans le passage St Edward. La plus vieille librairie du pays est en face de la Maison du Sénat. Elle sert aussi de salle d'exposition aux presses de l'université - les plus vieilles du monde, comme il se doit.

A GAUCHE Le marché en plein-air, ouvert tous les jours sauf le dimanche, vend aussi bien des livres d'occasion et de la friperie que des légumes.

CI-DESSUS L'horloge de Great St Mary's sonne l'heure avec le célèbre 'carillon de Westminster' - mais elle l'avait avant Big Ben. Il fut composé à Cambridge, lors de l'installation d'une nouvelle horloge dans le clocher en 1793, et Westminster l'adopta plus de soixante ans plus tard.

CI-DESSUS A GAUCHE L'église de Great St Mary's est l'ancien centre de Cambridge. C'est à partir de là qu'on installa les premières bornes du pays depuis l'époque romaine. Les non-diplômés doivent encore vivre dans un rayon de trois miles.

CI-DESSUS L'Eglise Ronde de Sidney Street est une des rares de cette forme en Angleterre. Elle fut construite en commémoration de l'église du Saint Sépulcre de Jérusalem, et date d'environ 1130; le toit de forme conique fut ajouté au dix-neuvième siècle.

CI-DESSUS La bicyclette est le moyen de transport habituel à Cambridge, où il n'y a pas de côtes à grimper; l'université ne permet pas souvent aux étudiants d'avoir une voiture.

cérémonies académiques. Deux fois par trimestre, on peut encore y entendre prêcher le sermon de l'université. L'église actuelle date du quinzième siècle; du haut de son clocher, construit au dix-septième siècle, on peut admirer de superbes vues de la ville environnante.

St Benet, près de King's Parade, était une des églises utilisées par les

collèges avant qu'ils aient leur propre chapelle; elle servit de chapelle à Corpus Christi pendant plus de 200 ans. Son clocher saxon, qui fut probablement construit aux environs de 1025, est le bâtiment le plus ancien de Cambridge.

Plusieurs autres églises datent du Moyen-Age; c'est aussi le cas du plan de la ville. Malgré le nombre

CI-DESSOUS **King's Parade était jadis le Grande-Rue de Cambridge; cet ensemble pittoresque et disparate fit face à une rangée de maisons et de magasins jusqu'au début du dixneuvième siècle, quand furent construites la porte et la grille de King's.**

important de bâtiments, les espaces verts sont restés abondants. Outre les Backs qui, derrière les bâtiments des collèges, bordent la rivière, il faut citer, vers l'est, les parcs de Jesus Green, Midsummer Common - où a lieu, tous les mois de juin, la Midsummer Fair, dont l'ancienne tradition remonte au Moyen-Age - et Parker's Piece.

La combinaison d'espaces verts, de vieux collèges et de rues commerçantes est une joie pour le promeneur. Il peut partir à l'aventure: découvrir de vastes étendues au sortir d'une ruelle étroite; apercevoir, à travers les grilles richemont ornées, des cours majestueuses, d'élégantes lanternes couron-

nant les toits, d'inattendus cadrans solaires sur les façades; ou saluer, perchés dans leurs niches, les personnages illustres qui sont un rappel de l'histoire de la ville.

L'attrait d'une promenade dans Cambridge est rehaussé par l'absence de voitures dans certaines rues piétonnières du centre. Beaucoup d'habitants se rendent au travail à vélo, et l'université ne permet généralement pas aux étudiants de se servir d'une voiture. Le vélo sous toutes ses formes - calme monture des personnes âgées, bolide des jeunes étudiants, ou attaché à d'élégantes grilles parmi des dizaines d'autres bicyclettes - est un trait caractéristique de la ville.

A DROITE Le cachet de Cambridge tient à un mélange de charme rural et de beaux bâtiments. On voit ici du bétail paissant sur les Backs, derrière King's; vaches et chevaux fréquentent aussi les autres parcs.

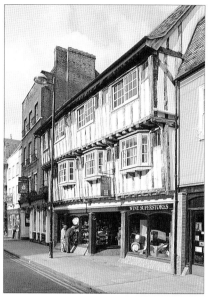

CI-DESSUS On aperçoit le Cambridge du seizième siècle à Bridge Street, où l'on est frappé par cette jolie façade avec ses étages en saillie.

A GAUCHE Autant que leurs marchandises, les boutiques de Trinity Street sont une attraction. Cette devanture du dix-huitième siècle est l'un des beaux vestiges d'une époque plus élégante.

CI-DESSUS Si on lève les yeux, on a de fortes chances de croiser le regard d'une statue. William Harvey, qui découvrit la circulation du sang, regarde Caius, son ancien collège, du haut de sa niche de Trinity Street.

A GAUCHE Portugal Place, ruelle piétonne restée presque intacte depuis le début du dix-neuvième siècle, est une des rues calmes aux jolies maisons typiques du centre-ville.

Trésors

Cambridge est riche en musées importants, dont la plupart dépendent de l'université. On peut y voir quantité de choses - tableaux de Rembrandt et du Titien, moulage de la Vénus de Milo, squelette de dinosaure, modèle réduit mécanique du système solaire ...

Les collections du **musée Fitzwilliam** sont célèbres. Des antiquités égyptiennes, grecques et romaines y sont exposées. Des peintres de toutes les époques y sont représentés: Titien, Rembrandt, Gainsborough, Hogarth et Turner, ainsi que les préraphaélites et les Impressionnistes; sans compter les manuscrits enluminés, et les

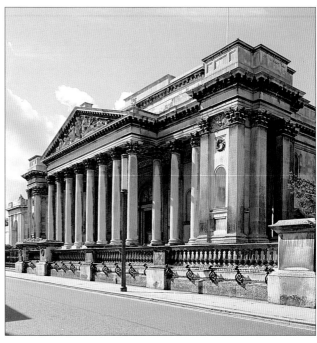

A GAUCHE **Le musée d'archéologie classique réunit des statues grecques et romaines. Les moulages destinés à l'étude portent une étiquette indiquant leurs nom, âge, 'adresse', et le musée abritant l'original.**

CI-DESSUS **Le musée Fitzwilliam est remarquable par son architecture, tout autant que par ses collections d'objets d'art. Le splendide bâtiment néoclassique date de 1837.**

CI-DESSUS **Dans l'entrée magnifique, le plafond du portique, richement orné de fruits et de fleurs, prépare le visiteur aux trésors du musée.**

A GAUCHE Le musée Whipple contient un modèle mécanique du système solaire datant d'environ 1750, des microscopes, téléscopes, instruments d'arpentage et de navigation, et objets électriques.

A L'EXTREME GAUCHE Le jardin botanique est un trésor de plantes avec son unique rocaille plantée selon un système géographique, son jardin parfumé, ses plates-bandes retraçant, par groupes chronologiques, les plantes introduites dans le pays, son jardin d'hiver et sa serre d'espèces rares.

céramiques, tissus, objets en argent et en verre.

Quant à l'art moderne, **Kettle's Yard** a une exposition permanente d'oeuvres du début du siècle, et une galerie d'art contemporain international. Son charme tient au fait que l'exposition a pour cadre la maison elle-même, meublée et conservée telle quelle depuis qu'elle fut offerte à l'université, avec sa collection, en 1967.

Remontant 2000 ans en arrière, le **musée d'archéologie classique** a plus de 500 moulages de statues et de bas-reliefs grecs et romains. on peut y voir le Gaulois mourant, la Vénus de Milo, et une grande variété de marbres d'Elgin - sous forme de montages en plâtre, bien entendu.

Le musée universitaire d'archéologie et d'anthropologie expose des pièces du monde entier. On compte, parmi les pièces préhistoriques, des objets trouvés dans la région, et, dans la section d'anthropologie, un totem.

Le musée zoologique expose des spécimens d'animaux du monde entier. Des buccins aux baleines, le règne animal au complet est représenté: espèces disparues ou survivantes, conservées, fossilisées ou à l'état de squelette.

Une grande variété de fossilis sont exposés au **musée Sedgwick**, dont la collection est organisée par ordre chronologique, commençant il y a 600 millions d'années pour arriver jusqu'à nos jours. Seul le musée d'histoire naturelle de Londres le surpasse par l'ampleur de ses collections géologiques.

Le **musée Whipple d'histoire de la science** présente celle-ci à travers les instruments scientifiques, certains datant du Moyen-Age, bien que la plupart aient été fabriqués entre le seizème et le dix-neuvième siècle.

L'institut de recherche polair Scott expose des objets illustrant les explorations des régions polaires: on peut y voir des carnets de bord, vêtements, traîneaux et lunettes de neige, ainsi que des objets d'art et d'artisanat eskimo.

Revenons des pôles à Cambridge, car le **musée du folklore de Cambridge et du comté** expose des objets illustrant le travail et la vie quotidienne des gens de Cambridge et de la campagne environnante, de 1650 à nos jours.

Les collections de plantes du **jardin botanique** de l'université ne sont surpassées que par celles des jardins de Kew et d'Edimbourg. Elles occupent une vingtaine d'hectares de superbes jardins, auxquels ont été ajoutées plusieurs serres.

CI-DESSUS L'immense squelette d'un iguanodon domine une section du musée Sedgwick, qui abrite aussi des fossiles de reptiles marins géants, plésiosaures et ichtyosaures.

Complément d'information

Détails corrects à la date de rédaction mais sujets à modification.

Collèges

Dans certains collèges, l'entrée est payante, soit de la mi-mars à la fin septembre, soit toute l'année. D'autres ont des heures d'ouverture limitées et beaucoup sont fermés en période d'examen, de la fin avril à la mi-juin. L'accès aux jardins de King's College est parfois limité, mais la chapelle est en général ouverte (voir à droite). Les groupes doivent être accompagnés d'un guide agréé à badge bleu (s'adresser à l'office du tourisme) et seuls les membres des collèges sont autorisés à marcher sur les pelouses.

Le guide *Les Collèges de Cambridge* aux éditions Jarrold raconte l'histoire des collèges.

Cimetière militaire américain

Parc aménagé autour de 3813 tombes de soldats américains qui étaient cantonnés en Grande-Bretagne. Mur commémoratif portant les noms de 5125 soldats disparus sans lieu de sépulture connu.
Madingley, à 5 km de Cambridge par la A1303 (Tél. 01954 210350). Ouv. tous les jours, 9h00–17h00. Fermé les jours de Noël et du Nouvel An.

Jardin botanique

Importante collection de plantes dans un jardin paysagé et en serres.
Bateman Street (entrée par Hills Road en semaine) (Tél. 01223 336265). Ouv. tous les jours, janv., nov., déc. 10h00–16h00 ; févmars. oct. 10h00–17h00 ; avr–sept. 10h00–18h00. Serres : tous les jours, 10h00–15h45. Jardins : fermés du 25 décembre au 2 janvier. Entrée payante.

Musée du folklore de Cambridge et du comté

Des ustensiles ménagers et des outils datant du dix-huitième siècle et des suivants sont exposés dans ce musée rénové récemment.
Castle Street (Tél. 01223 355159). Ouv. avr.–sept., lun.–sam. 10h30–17h00, dim. 14h00–17h00 ; oct.–mars fermé le lundi sauf pendant les vacances scolaires. Fermé durant la période des fêtes. Entrée payante.

Musée Fitzwilliam

Tableaux, antiquités, céramiques, textiles, argenterie, verrerie, mobilier et monnaies.
Trumpington Street (Tél. 01223 332900). Ouv. mar.–sam. 10h00–17h00, dim.12h00–17h00. Fermé le lundi, sauf certains jours fériés et une partie de la période des fêtes. Entrée gratuite.

Eglise de Great St Mary's

St Mary's Passage, extrémité nord de 3 King's Parade (tél. 01223 741716). Ouv. tous les jours 8h30–18h00. Entrée gratuite. Tour ouverte lun.–sam. 9h00–17h30. Dim. 12h00–17h30. Entrée payante.

Kettle's Yard

Art moderne dans une maison meublée, galerie attenante.
Castle Street (Tél. 01223 352124). Maison ouv. Pâques-sept. mar.–dim & lundis fériés 13h30–16h30 ; oct–Pâques mar.–dim & lundis fériés 14h00–16h00 ; galerie ouv. toute l'année mar.–dim. 11h30–17h & lundis fériés. Entrée gratuite.

Chapelle du collège de King's

Normalement ouv. pendant trimestres universitaires lun.–ven. 9h30–15h30, sam. 9h30–15h15, dim. 13h15–14h15 (et 17h–17h30 avr.–oct.) ; pendant vacances universitaires, ouv. lun.–sam. 9h30–16h30, dim. 10h–17h.
Les horaires donnés sont ceux de la dernière entrée ; la chapelle ferme une demi-heure après. Le collège est parfois fermé lors des grandes occasions, et les heures d'ouverture sont sujettes à modifications. L'entrée payante comprend l'accès à la chapelle, à l'exposition 'Construction d'une chapelle' et aux jardins du collège.
Offices pendant l'année universitaire : office du soir chanté lun.–sam. 17h30 (lun. : King's Voices ; mar.–sam. : King's College Choir ; mer. voix d'hommes seulement ; ven. en général sans accompagnement). Dim. : offices à 10h30 et 15h30. Récital de chants de Noël le 24 déc. à 15h.

CI-DESSUS Les lions de pierre du musée Fitzwilliam gardent une des plus belles collections d'art et d'antiquités d'Europe.

A GAUCHE La célèbre *Adoration des Mages* de Rubens est un des trésors qui ornent la chapelle de King's. Peint en 1634, le tableau fut donné au collège de King's en 1961.

Musée d'archéologie classique

Moulages de sculptures grecques et romaines.
Sidgwick Avenue (Tél. 01223 335153). Ouv. lun.–ven. 10h–17h, sam. pendant trimestres universitaires 10h–13h. Fermé de Noël au Nouvel An et pendant la semaine de Pâques. Entrée gratuite.